AF465214

LETTRE

A UN PAIR

DE FRANCE.

Lb 49.57

LE NORMANT FILS, IMPRIMEUR DU ROI,
rue de Seine, n° 8, faubourg Saint-Germain.

LETTRE
A UN PAIR
DE FRANCE,

PAR

M. le Vicomte de Chateaubriand,

PAIR DE FRANCE.

PARIS.

LE NORMANT PÈRE, LIBRAIRE,

RUE DE SEINE, N° 8,

1824.

LETTRE
A UN PAIR
DE FRANCE.

Paris, le 8 novembre 1824.

Vous voudriez, mon noble ami, que j'examinasse dans des lettres qui vous seroient adressées, les questions politiques du jour; vous y voyez un moyen d'éclairer le public et de servir le Roi, surtout aux approches de la réunion des Chambres. Votre idée me paroît utile, je l'adopte, sans toutefois admettre que mon influence sur l'opinion soit aussi considérable que votre amitié se plaît à le supposer.

Au moment de la mort de Louis XVIII, je n'ai pu, je n'ai dû penser qu'à son successeur ; je me serois à jamais reproché toute parole qui n'eût pas été pour le nouveau règne. Maintenant, que je me suis acquitté de devoirs chers à mon cœur, vous me pressez d'en remplir d'autres assez pénibles ; vous croyez que j'aurai un peu plus de force et d'autorité pour développer des vérités importantes, après avoir prouvé, comme je l'ai fait, qu'aucun ressentiment ne conduit ma plume.

Qui plus que moi désire voir cesser les oppositions royalistes ! Le penchant naturel des cœurs vers un monarque qui les enchaîne par tant de qualités, a disposé les esprits à l'union. Il n'y a plus qu'un seul combat ; c'est celui de l'opinion générale contre le ministère ; mais ce combat qui se reproduit sur tous les points de la France, trouble le bonheur public et fait gémir les honnêtes gens. On prétend que la liberté de la presse le prolonge, et l'on entend répéter une objection que je crois important de réfuter. Je vais faire de l'examen de cette objection le sujet de ma première lettre, et j'entre tout de suite en matière.

On dit donc, mon noble ami :

« En affectant de rabaisser les agens du » pouvoir et d'élever le monarque jusqu'aux » nues, on ne trompe personne. Loin d'a- » gréer l'encens qu'on lui prodigue, la cou- » ronne le rejette avec dédain ; on veut » détacher le prince de ses meilleurs servi- » teurs, on veut semer la division entre » l'administration et le souverain ; on n'y » parviendra pas. »

Il faut espérer qu'on ne s'aperçoit pas

de ce qu'il y a d'injurieux pour l'autorité royale dans cette manière d'argumenter.

Quoi ! parce que des ministres seroient tombés dans des erreurs, il faudroit s'interdire toute marque d'admiration pour le Roi, de peur que les ministres ne la considérassent comme un reproche indirect à leur personne, ou bien il faudroit ne pas exposer les erreurs des ministres, dans la crainte que la couronne ne s'en voulût rendre solidaire ! Quelle confusion d'idées !

Ensuite, pour diviser des hommes, il faut qu'il y ait entre eux égalité. Dire que l'on peut faire naître la division entre les ministres et le monarque, c'est supposer que les ministres sont une puissance capable de lutter avec le pouvoir royal ; avancer qu'on flatte le Roi dans le dessein de l'engager à renvoyer ses ministres, c'est supposer qu'on ne le loue que conditionnellement, et qu'on cessera de le louer s'il ne fait pas ce qu'on attend de lui : toutes suppositions indignes, et qui pourroient aller jusqu'à mériter la répression des lois.

Non, mon noble ami, il n'y a point de co-existence entre le Roi et les ministres : il est tout, et ils ne sont quelque chose que par lui. Il les brise ou les conserve comme des instrumens fragiles dans sa main puissante. Il n'entre point dans leurs étroites vanités; il n'épouse point leurs petites querelles. Il ne peut pas être plus flatté des hommages qu'on lui offre à part de ses ministres, qu'il ne seroit jaloux des éloges qu'on leur donneroit s'ils les méritoient. On ne peut l'unir aux ministres, par la raison qu'il n'y a rien de commun, dans l'espèce, entre le maître et les serviteurs : des ministres qui prétendroient qu'on ne les blâme et qu'on ne loue le Roi que pour semer des mésintelligences, seroient des téméraires qui n'auroient une idée juste ni de leur néant, ni de la grandeur de la royauté.

Je vois quelque chose de plus dangereux que cette prétendue confusion qu'on voudroit faire, et qu'on ne fera jamais, du prince et de ses délégués : ce seroit un ministère ou un ministre qui s'attribueroit tout l'honneur de la prospérité de l'Etat, qui insinueroit que rien ne se fait que par lui, qui se mettroit sans cesse devant le trône, qui substitueroit son nom à celui du monarque, qui se proclameroit indispensable, laissant entendre que sans lui il n'y a point de majorité dans les Chambres. Heureusement le péril ne seroit pas aujourd'hui de longue durée : sans flatterie comme sans critique, nous avons plus que Louis XIII et moins que Richelieu.

Au raisonnement que je viens de combattre, on en ajoute un autre qui n'est pas plus logique :

« Ces attaques multipliées, dit-on, pro-
» duisent un effet tout opposé à celui qu'on
» en espère ; elles blessent la majesté
» royale, et il importe à la dignité de la
» couronne de ne pas céder lorsqu'on pré-
» tend lui enlever le ministère, pour ainsi
» dire l'épée à la main. »

Il n'est pas question ici de la dignité de la couronne. La royauté tient ses attributs du souverain Maître ; elle n'a ni colère, ni humeur : elle rejette les prières injustes ; elle accueille les vœux légitimes. Dieu renverse les tyrans, quand le cri des peuples opprimés est monté jusqu'à lui ; un Roi renvoie ses ministres, quand la voix publique les a convaincus ou de forfaiture ou d'incapacité.

Ce seroit entièrement méconnoître le

gouvernement représentatif que d'exiger le silence de l'opinion. Quelle que soit la supériorité du prince, encore faut-il qu'il soit instruit des faits. Où sont les Cours souveraines, les Ordres privilégiés, les Etats de province, qui lui adresseroient d'humbles représentations? Dans son conseil, il n'entend que la plaidoirie d'une des parties intéressées. Vous n'avez dans la monarchie constitutionnelle, pour suppléer aux grands corps de la monarchie absolue, que la liberté de la presse. La conséquence nécessaire de cette liberté, c'est que chacun dise ce qu'il pense.

Les esprits *impartiaux* répondent qu'ils ne condamnent point une opposition; mais qu'ils la voudroient modérée, toujours dirigée contre les choses, jamais contre les personnes.

Ceci est véritablement puéril. Les génies sont divers; chacun écrit avec son talent et son caractère : toutes les troupes n'ont pas la même arme. En Angleterre, l'attaque est personnelle, et l'on ne croit pas que tout est dans les choses, quand souvent les choses ne sont mauvaises que par les hommes. La forme sans doute fait valoir le fond; mais le fond peut être excellent, lors même que la forme est défectueuse.

Ainsi, le raisonnement que j'analyse porte à faux : on oublie toujours les institutions sous lesquelles on vit; on argumente toujours comme dans l'ancien ordre de choses. Si la presse devoit être muette, il s'ensuivroit que les ministres prévaricateurs seroient plus à l'abri dans la monarchie représentative, que dans la monarchie absolue, puisqu'ils n'auroient à craindre ni les remontrances *imprimées* d'un Parlement, ni les dénonciations des corps privilégiés de l'Etat.

« Ils seroient renversés par les Chambres », réplique-t-on.

Inconséquence de l'esprit humain! on ne veut pas que la couronne s'éclaire de l'opinion librement exprimée par la presse, et l'on est d'avis qu'elle se rende aux instances des Chambres! On prétend qu'elle doit se soustraire à une influence morale qui n'a d'autre force que celle des faits qu'elle allègue, et on la verroit sans alarmes se soumettre à une espèce de violence physique exercée par des pairs ou des députés! On ne trouveroit aucun danger à mettre en lutte les pouvoirs politiques de l'Etat!

Allons plus loin : l'opinion extérieure peut, non seulement dans un cas particulier être un meilleur guide que les Chambres législatives, mais elle peut encore servir de sauvegarde contre l'autorité égarée de ces Chambres.

En effet, des ministres corrupteurs ne pourroient-ils pas se rendre maîtres des votes de deux Chambres ambitieuses ou intéressées? Si même ces ministres, sans parvenir à séduire les pairs et les députés, n'apportoient à la tribune que des lois insignifiantes ou des lois commandées par une impérieuse nécessité, où seroit le point d'attaque? Dans l'Adresse? Rien n'est plus hasardeux et plus difficile; dans le Budget? refuse-t-on en France et peut-on refuser un budget? Alors il est évident qu'il ne resteroit aucun moyen d'éclairer la couronne sur les dangers d'un ministère, s'il falloit s'interdire toutes réclamations par la voie de la presse.

Serrons nos adversaires; et leur raisonnement nous mène à ce résultat, savoir :

que la couronne seroit perpétuellement et nécessairement en lutte avec l'opinion publique, puisque celle-ci demande toujours quelque chose. Or, s'il suffisoit que cette opinion parlât, pour qu'aussitôt on crût de la dignité de la couronne de ne pas l'entendre, la division seroit éternelle. Quoi de plus absurde !

Mais on insiste, mon noble ami :

« Il importe, s'écrie-t-on, surtout au » commencement d'un règne, que la cou- » ronne se montre ferme et libre. Une fois » qu'on auroit appris le secret de sa foiblesse, » tout seroit perdu. Si on lui arrachoit un » ministre aujourd'hui, on lui en enlève- » roit un autre demain. C'est ainsi que » Louis XVI a succombé ; on le louoit aussi » le Roi martyr aux dépens de ses mi- » nistres ! C'est ainsi que les monarchies » périssent ; c'est ainsi que les souverains,

» de concession en concession, s'enfoncent » dans l'abîme, en obéissant à une pré» tendue opinion qui varie sans cesse, à » une opinion quelquefois pervertie tout » entière, et qui n'est souvent que l'expres» sion de la haine et des passions. »

Un mot d'abord sur les louanges qu'on donnoit à Louis XVI aux dépens de ses ministres. Qu'est-ce qu'il y a de semblable dans les temps et dans les hommes de 1789 et de 1824 ? Aux jours de la révolution, étoit-ce l'opinion royaliste qui parloit, comme elle parle aux jours de la restauration ? Sans doute il y a des louanges intéressées, des censures suspectes; mais il faut savoir de quelle bouche elles sortent, et ne pas comparer ceux qui verseroient la dernière goutte de leur sang pour le Roi, et ceux qui ont répandu, ou contribué à faire répandre le sang du Roi.

BIBLIOTHÈQUE IMPR.

Nous trouvons des exemples dans deux augustes frères : Louis XVI a cédé à l'opinion révolutionnaire ; il a renvoyé des serviteurs fidèles, et il a succombé. Louis XVIII a prêté une oreille indulgente à l'opinion monarchique ; il a écarté des hommes qui s'égaroient, et il a été sauvé. Sa puissance en a-t-elle été amoindrie ? Voit-on que dans la guerre d'Espagne les soldats n'aient pas obéi à un Roi constitutionnel ? Les ministres actuels ont trouvé très-bon que l'opinion les appelât ; il est tout simple qu'ils trouvent mauvais aujourd'hui que l'opinion les rejette ; il est encore tout simple qu'ils érigent leur intérêt en principe : mais cette inconséquence est-elle une raison ?

Ceux qui renient l'opinion et ceux qui veulent qu'on la méprise, en reconnoissent plus que moi l'ascendant ; car dans leur système il aura coërcition pour la couronne, soit que l'opinion, en désignant des ministres, la force à les prendre, soit qu'en les attaquant, elle l'oblige à les garder. Et n'est-ce pas d'ailleurs toujours l'opinion qui, sous toutes les formes de gouvernement, et dans toutes les espèces de monarchies, désigne les sujets à choisir? Où un Roi les prendroit-il ses ministres, s'ils ne lui étoient indiqués par une renommée de probité ou de talent? Ne pas admettre cette vérité obligeroit à conclure que les hommes ne peuvent arriver aux affaires que par les intrigues de cour, ou la protection des valets, des favoris, et des maîtresses?

Maintenant est-il vrai que la couronne, en consultant l'opinion publique, lorsqu'elle est générale et appuyée sur des raisons frappantes, s'engage à l'écouter toutes les fois qu'elle parlera, dans une position qui ne sera pas la même ? Le cas extraordinaire où nous nous trouvons peut-il se représenter ? Quel est ce cas extraordinaire? C'est, mon noble ami, de voir, non une portion, mais l'universalité de l'opinion, se prononcer contre un ministère, et ce ministère conserver sa position.

Un fait unique dans l'histoire des monarchies existe au moment où j'écris : l'acquiescement général et complet au nouveau règne, l'opposition générale et complète à l'administration.

Les royalistes, les constitutionnels, les anciens ministériels sont aux pieds de Charles X, et s'élèvent à la fois contre le ministère : leur opinion compose dans ses trois divisions l'opinion totale de la France.

Le fait que nous signalons est inouï au commencement d'un règne, mais incontestable. Il est certain, très-certain que le monarque est aussi populaire que le ministère l'est peu. Les causes de la popularité du Roi sont multipliées à l'infini.

Louis XVIII avoit succédé à la révolution : les partis fatigués pouvoient regarder son règne comme une trève, non comme une paix ; la solution de la question étoit dans l'avènement de l'héritier de Louis XVIII.

Le fondateur de la monarchie représentative meurt au moment où l'expédition d'Espagne a ruiné toutes les espérances de discorde : dix ans de liberté ont rendu le peuple reconnoissant ; six mois de gloire ont donné une armée fidèle au drapeau blanc. Charles X monte au trône, appuyé sur le sceptre de son frère, couronné des lauriers de son fils. La légitimité triomphe de toutes parts ; car, pour quelques an-

BIBLIOTHÈQUE ROYALE X

ciens opposans à principes anti-légitimes, le droit est devenu le fait, et en reconnoissant le nouveau souverain, ils semblent rester fidèles à leurs doctrines.

Charles *le Bon*, qui mériteroit mieux ce surnom populaire qu'un grand prince de sa race, se montre digne de sa destinée : il subjugue tous les cœurs ; il accueille tous ses sujets, dans quelque opposition qu'ils aient jadis été placés. On trouve avec ravissement un monarque tout l'opposé du portrait qu'en avoit tracé la calomnie révolutionnaire : modéré, indulgent sans cesser d'être juste, il écoute, il observe, il étudie la France ; son oreille n'est fermée à aucune réclamation. Il assemble souvent ses conseils, se livre avec une assiduité religieuse à ses devoirs de Roi : on voit qu'il en connoît l'étendue, qu'il sent le poids du sceptre ; et, pour se soulager dans ses fonctions sacrées, il associe son glorieux fils à ses travaux.

Le Roi, et la France paroissent plus grands qu'ils ne l'ont jamais été. A la mort de Louis XVIII, la légitimité a fait trois choses immenses : elle a attaché sans effort le diadème au front du nouveau monarque; elle a, par la volonté de ce monarque, rétabli les libertés publiques; enfin elle a rallié au trône une opinion qui en étoit restée séparée depuis 1814. La France trouvant sûreté et dignité dans la couronne, a poussé un cri d'amour et de reconnoissance.

Tandis que tout ce qui sortoit du principe de la monarchie au début du nouveau règne, avoit tant de simplicité et de grandeur, que faisoit l'administration? Je n'en sais rien, mon noble ami : elle se reposoit peut-être dans sa légitimité; elle pensoit que les successeurs des trente-huit ministres de la restauration, n'avoient pas plus à faire pour recueillir une couronne, que l'héritier de soixante-neuf Rois.

Charles X, qui est venu déranger bien des petits arrangemens, a rompu, en montant au trône, les toiles d'araignées qu'on avoit suspendues au marchepied de ce trône. Par le seul acte de l'abolition de la censure, il a déclaré qu'il vouloit entendre l'opinion publique, puisqu'il lui rendoit la voix. L'opinion est un pouvoir qui échappe aux vivacités de l'impatience comme aux fureurs de la persécution : s'irriter contre elle est folie; ne pas y croire est péril.

On affirmera que si cette opinion ne se trompe pas à l'égard du Roi, elle peut se tromper sur les ministres.

Je conviendrai de très-bonne foi que l'opinion, comme on l'a dit, peut être quelquefois entièrement pervertie ; mais ce n'est jamais que dans les grandes crises intérieures de l'Etat, ou lorsque les animosités politiques d'un peuple contre un autre peuple, ont été réveillées par quelque circonstance majeure. Ainsi, pendant les guerres civiles, Mazarin étoit détesté ; le ridicule de la Fronde n'empêchoit pas le sang de couler. Ainsi l'on a vu, en Angleterre un ministère, devenu odieux parce qu'il n'étoit pas assez anti-français, se retirer devant lord Chatam, dont le génie étoit sa haine pour la France. Au commencement des troubles de la révolution, des ministres honnêtes gens, et même quelquefois capables, se sont abîmés devant les violences populaires et les fureurs anti-monarchiques ; mais on n'a jamais vu qu'en pleine paix, sans guerre civile, sans mouvemens précurseurs des révolutions, l'opinion se soit tout entière égarée sur le compte d'un ministère.

Il est possible qu'aujourd'hui la voix de quelques intérêts particuliers se mêle à celle des intérêts généraux et vienne augmenter le bruit ; mais les causes de l'impopularité du ministère sont aussi faciles à trouver que les causes de la popularité du monarque ; et tous les jours la presse périodique signale et révèle les unes et les autres.

Je sais que, pour convaincre l'opinion générale de prévention contre les ministres, pour démontrer que cette opinion n'est qu'une coalition d'amours-propres froissés et d'ambitions déçues, on cite les prospérités de la France.

Il y a sans doute en France des prospérités, mais des prospérités qui tiennent à la légitimité, aux vertus, à la présence de nos Rois, à l'admirable conduite du prince libérateur, à la bravoure de l'armée, aux institutions de la Charte, à des lois que l'administration actuelle n'a pas faites, et qu'on l'accuse d'avoir voulu corrompre ou détruire.

L'ordre monarchique tempéré produit de lui-même un bien qu'il ne faut pas confondre avec cette félicité qui naît d'une gestion habile. Lorsque, dans un Etat, la base politique est bonne, comme en France, que les principales libertés ont résisté aux entreprises de l'arbitraire ministériel, que cet arbitraire n'a pu descendre encore jusques dans les classes inférieures de la société, une certaine exubérance de richesses natives se fait remarquer : c'est une terre féconde qui étale ses trésors, bien qu'elle puisse être mal cultivée.

Avancer qu'on n'a pas droit de se plaindre

parce qu'on jouit, tellement quellement, des lois fondamentales, et qu'après tout le soleil brille et les récoltes sont abondantes, cette manière de conclure seroit étrange. En Angleterre, tous les ministères seroient bons : ils ne périroient jamais que par la mort comme les monarques ; car, dans ce pays, il n'y a rien à faire au fond des choses, et le crédit, l'industrie, l'agriculture y ont atteint leur plus haut point de perfection. Souvent une administration pèche moins par ce qu'elle fait que par ce qu'elle ne fait pas, ou par ce qu'elle veut défaire. Il suffit même, pour qu'elle trébuche, d'être antipathique au génie du peuple qu'elle conduit : si ce peuple vivoit de gloire et d'honneur, le régime contraire conviendroit mal à son tempérament; si une monarchie étoit toute grandeur, il ne faudroit pas qu'une petite administration s'accrochât au manteau royal pour retenir les pas de cette monarchie. La politesse grecque et la splendeur latine auroient repoussé un instinct obscur et grossier.

Il n'y a donc, je le répète, ni division, ni partage dans les esprits ; et l'opinion qui repousse l'administration, est en général celle qui, depuis trente ans, soutient la couronne. Il seroit singulier que l'administration eût raison contre cette opinion.

Ajoutez que le sentiment des magistrats, blessés dans leur indépendance, se réunit à l'opinion générale, et que la Chambre des Pairs met comme le sceau à l'opposition de la magistrature et de la politique.

Voilà, mon noble ami, toutes les choses qu'il est essentiel d'observer, lorsqu'on parle de la couronne et de l'opinion, lorsqu'on dit que si la première favorise une fois la dernière, elle sera obligée d'en supporter ensuite les caprices. Les circonstances et les faits, en résumant ce que je viens de déduire, sont faciles à distinguer. Il faut savoir :

1°. Si l'opinion tout entière est pervertie par une faction armée dans l'intérieur, par l'approche d'une grande révolution, par des haines nationales de peuple à peuple.

2°. Si cette opinion est l'expression de la majorité ou de la minorité, si elle est générale ou limitée.

3°. Si ce sont des amis ou des ennemis qui parlent, des hommes qui dans tous les temps ont combattu pour le trône, ou des hommes qui cherchent à le renverser.

Que l'on imagine un nouveau ministère choisi ou parmi les royalistes, ou parmi les anciens ministériels, ou parmi les constitutionnels ; réuniroit-il contre lui les constitutionnels, les anciens ministériels et les royalistes? Sans doute il y auroit toujours une opposition; mais seroit-elle toujours générale? Cette opposition pourroit même être virulente: M. Pitt. a été poursuivi avec acharnement, quelquefois avec de sanglans outrages; mais M. Pitt n'étoit-il pas défendu avec la même chaleur qu'il étoit attaqué? Georges III s'est-il cru obligé de le sacrifier à une opinion divisée, à la minorité violente de l'opinion, à la majorité même de la Chambre des Communes, qui étoit d'abord en contradiction avec la majorité de l'opinion extérieure? Non; il l'auroit abandonné au vœu de l'opinion complète et générale.

Pour que la couronne soit éclairée, sans jamais être accablée par l'opinion, elle n'a rien à faire que de rester ce qu'elle est par sa nature, impassible. Le point juste où elle doit se tenir, est celui où elle trouve gloire et tranquillité : elle sera placée dans ce parfait équilibre lorsqu'elle aura rencontré des ministres, non sans contradicteurs, ce qui est impossible, mais sans ennemis raisonnables, des ministres, en un mot, qui seront portés par la majorité d'une opinion indépendante.

Enfin s'il étoit de la dignité de la couronne d'échapper aux vœux de ses sujets, voyons ce qui pourroit arriver à l'ouverture de la prochaine session.

Nous supposerons que la Chambre élective ait éprouvé l'influence de l'opinion publique ; car il n'est possible de raisonner que dans l'analogie des choses. Cette influence pourroit avoir augmenté l'opposition dans cette Chambre : la majorité est perdue depuis long-temps pour les ministres dans la Chambre héréditaire. Les ministres imploreroient-ils la couronne, afin qu'elle sollicitât des voix pour accroître ou former leur majorité?

Si au contraire la couronne n'agissoit point, elle laisseroit donc les ministres succomber? elle se rendroit donc au désir de la Chambre populaire? Et l'on parle de la dignité de la couronne! et l'on ne voit pas que dans ce système sa condescendance seroit bien plus marquée, que dans celui où elle prendroit d'elle-même l'initiative d'après l'espèce de rendu compte ou de doléance de l'opinion!

Lorsqu'on soutient qu'en s'élevant contre une administration, on veut forcer la couronne à la dissoudre, on prend l'effet pour la cause. On n'a pas l'audace coupable de dire à la couronne : « Renvoyez vos mi-» nistres, parce qu'ils ne nous conviennent » pas. » On dit : « Les ministres ont fait » telles et telles fautes. » On montre le mal qu'on voit ou qu'on croit voir; on n'indique point le remède : on sait seulement qu'il existe dans la couronne d'où vient le salut de tous.

On ne peut se dissimuler, mon noble ami, que la lutte engagée entre le ministère et l'opinion ne produise une scission de la nature la plus grave.

Si la haute administration peut résister quelque temps, l'administration inférieure est promptement ébranlée. Chaque ville, chaque bourgade, chaque hameau devient un champ de bataille où, depuis le préfet jusqu'à l'adjoint du maire, les fonctionnaires publics ont des assauts à soutenir : perdant confiance dans la durée du pouvoir de leurs chefs, bientôt ils ne leur obéissent plus, ou ils accroissent l'opposition, en exécutant leurs ordres. A peine toute la majesté de la couronne, tout l'amour qu'on porte au Roi, suffisent-ils pour faire le contre-poids du mal produit par une administration que chacun repousse.

Il y auroit un dénouement fort simple à cette complication politique; un parti que l'honneur conseille, seroit pris sans hésiter par de vrais royalistes qui voudroient soulager la couronne, dussent-ils croire qu'ils succombent à une injuste prévention. Lorsqu'une position politique est gâtée de manière qu'on ne puisse plus faire le bien, il ne reste qu'à se décider entre l'estime personnelle et une puissance flétrie.

Cette puissance ministérielle, il faut qu'elle en convienne, s'est porté elle-même de rudes coups. On n'a point oublié, on n'oubliera jamais les circulaires électorales, le système de captation avoué du haut de la tribune, la violence chargée d'achever l'ouvrage de la ruse, l'attaque directe aux tribunaux et aux libertés publiques, la censure venant, comme une espèce de banqueroute, solder l'arriéré des brocanteurs de consciences, et réduisant de force au silence des écrivains qu'on n'avoit plus besoin de payer pour les faire parler ou se taire. On n'efface point de pareils souvenirs : le pouvoir tiré de la corruption, ne ressemble point à l'or de Vespasien : il retient toujours quelque chose de son origine.

Admettrons-nous qu'une généreuse impulsion ne puisse être donnée à des intérêts ministériels? Ces intérêts qui tantôt sont si scrupuleux sur la dignité de la couronne, quand il s'agit de se couvrir, qui tantôt font si bon marché de cette dignité, quand ils ont besoin qu'elle s'abaisse pour les sauver; ces intérêts, disons-nous, s'obstineroient-ils à vouloir que le prince leur servît toujours d'égide, et condamnât l'opinion publique au silence?

Le prince pourroit tout ce qu'il voudroit : on obéiroit; personne n'a la prétention de résister, ou de donner des leçons à la volonté souveraine : mais quels seroient les meilleurs serviteurs du Roi, ou de ceux qui conseilleroient une politique opposée au génie des institutions octroyées, ou de ceux qui, ayant une plus haute idée du trône, penseroient que sa gloire est de vivifier les institutions qui découlent de lui? Dans ce second cas, l'opinion écoutée deviendroit une force nouvelle pour la monarchie; dans le premier cas, l'opinion dédaignée se soumettroit avec une respectueuse résignation. Les hommes qui valent quelque chose, et qui comptent chez les peuples, se tiendroient à l'écart; ils diminueroient l'existence publique de tout ce qu'ils donneroient à leur vie privée. La couronne seroit toujours chérie, toujours vénérée; on seroit toujours prêt à lui sacrifier repos, fortune, famille et vie; on n'en offriroit pas moins pour elle les vœux les plus ardens au Ciel : mais les bénédictions qui sortent d'un cœur attristé, ont-elles la même puissance pour la prospérité des Etats?

Veut-on que le moment de se mettre d'accord avec l'opinion générale ne puisse jamais arriver pour des ministres? Veut-on qu'ils se maintiennent au pouvoir en dépit de cette opinion? Alors se présenteroit une question toute nouvelle en politique.

Si après avoir censuré jusqu'aux arrêts des tribunaux; si après avoir bravé ou la majorité ou une minorité parlementaire imposante, des ministres bravoient encore la liberté de la presse dont la force est doublée par l'évidence des faits qu'elle expose; si tous les matins traduits au tribunal du public, ils usoient le reproche, défioient les vérités comme les sauvages défient les tourmens, et fatiguoient le fouet de l'opinion, que deviendroit un peuple sous de tels hommes?

Je n'ai point, mon noble ami, de solution à ce problème. En tous temps, en tous lieux, l'opinion publique armée du bon droit a remporté la victoire; comment nous seroit-il possible de dire ce qui arriveroit, si cette opinion étoit vaincue par la faculté dont seroit doué un ministère de tout souffrir, de tout dévorer? Des Mithridates politiques qui se seroient habitués à digérer les poisons, nous placeroient dans un ordre de choses où l'expérience ordinaire ne peut plus servir de guide.

Que l'on recherche, si l'on peut, sans être épouvanté, ce que deviendroit un peuple dont les institutions seroient entièrement perverties; ce que deviendroit un gouvernement prétendu représentatif, dont l'opinion ne seroit plus le principal ressort; un gouvernement qui n'auroit plus d'affinités avec ses propres élémens, et qui mentiroit à toutes ses doctrines. Que seroient-ce que deux Chambres législatives, passées au service d'un ministère contempteur de la liberté, qui ne seroient plus que des machines d'oppression, battant monnoie, forgeant des conscrits et imprimant des lois pour des esclaves appelés constitutionnels?

Non, la France ne produira point des ministres capables de porter ainsi la gangrène jusques au fond des entrailles de la société! Toutefois si la Providence, par un conseil impénétrable, permettoit jamais à de tels hommes de paroître au milieu de nous, nous leur dirions :

« Epargnez au monde une corruption » effroyable ; épargnez-nous la moquerie de » tout ce qu'il y a de beau, de saint et de » juste. Rendez-nous un service, dont nous » serons reconnoissans ; détruisez franche- » ment la liberté ; mettez les mœurs publi- » ques en réserve dans le despotisme : elles » s'y conserveront peut-être de la même » manière que la dépouille des morts dans » certains caveaux funèbres. Du moins » quelque innocence pourra se cacher en- » core dans le sein des familles ; du moins » nous pourrons conserver la foi de la » vertu, nous figurer qu'il existe hors de » votre influence des gouvernemens sin- » cères, des institutions généreusement » observées ; et peut-être nous sera-t-il » permis de nous consoler quelquefois,

» en rêvant, au-delà de vous et de votre
» siècle, des jours d'indépendance et d'hon-
» neur pour notre postérité délivrée. »

Ecartons ces tristes présages; il y auroit une sorte d'impiété à s'y livrer. J'aime à le redire, mon noble ami, nous n'avons point à craindre de pareils ministres, et s'il s'en trouvoit, ils ne réussiroient pas; les traits de l'opinion publique ne seroient pas lancés impunément contre eux : on n'est pas invulnérable parce qu'on est insensible, et la dépravation ne produit pas le même effet que la vertu. Des hommes de cette nature seroient aussi sans influence sur les Chambres : il y a chez les Français un sentiment d'indépendance et d'honneur, que rien ne peut étouffer.

Enfin, dominant et l'opinion et la puissance parlementaire, Charles X ne seroit-il pas là pour nous secourir? n'a-t-il pas déclaré qu'il maintiendroit comme Roi ce qu'il a juré comme sujet? Rien ne peut se détruire que par sa volonté, et sa volonté n'est point soumise aux hommes qu'il daigne admettre en sa présence. Il retirera sa main quand et comment il le voudra. L'opinion publique ne sera point méprisée ; car l'opinion publique est sur le trône dans la personne même de notre auguste monarque. S'il étoit jamais quelques hommes qu'il trouvât à propos d'éloigner de ses conseils, il prononceroit la sentence, et la France appliqueroit la peine : l'oubli.

Je termine ici ma première lettre : je me propose de vous entretenir dans les autres de l'indemnité des émigrés et des intérêts des rentiers, de l'indépendance de la magistrature, des lois à faire, du rôle que la France pourroit jouer en Europe, de la position de l'Espagne et de ses colonics, des destinées futures de la Grèce, etc.

En attendant, tout à vous, mon noble ami.

CHATEAUBRIAND.

BIBLIOTHÈQUE ROYALE

www.ingramcontent.com/pod-product-compliance
Ingram Content Group UK Ltd.
Pitfield, Milton Keynes, MK11 3LW, UK
UKHW020953220726
13924UKWH00002B/663